I0838013

Imparare la Meditazione: libro per principianti

Riduci subito ansia e stress con la Meditazione

A cura di Serena Renzetti

Indice

Introduzione

Questo libro ha come obiettivo quello di aiutare le persone a ritrovare la pace interiore persa o mai conosciuta.

La vita ci mette quotidianamente di fronte a problemi più o meno gravi che si accumulano e che se non lasciati andare possono procurare nevrosi.

Per nevrosi s'intende ansia, stress, depressione, ossessioni, paure, pensieri indesiderati.

Superati i momenti critici, speriamo di ritrovare la serenità ma questa molto spesso non arriva. Perché? Non riusciamo ad accettare i problemi e a liberarcene.

Iniziamo a farci mille domande, non sapendo che la pace è dentro di noi e si può ritrovare o scoprire solo ascoltando il proprio corpo.

Ti capita mai di incontrare persone sempre serene? Potrebbe scoppiare anche una bomba ma loro non si spostano, sono sempre li calmi e tranquilli.

Sono in pace con se stessi, anche se non conoscono la meditazione.

Anche tu puoi raggiungere quello stato di benessere psico-fisico.

Devi solo crederci e praticare questa meravigliosa tecnica con costanza, frequenza e concentrazione. Vedrai subito i benefici e non smetterai più di farlo, anche quando sarai nel traffico dalla tua città, potrai stare sereno e anzi, meditare.

Sai che puoi meditare in ogni luogo e in qualunque istante? Questo è ciò che rende la meditazione magica.

Cos'è la meditazione

La meditazione è una tecnica che si utilizza per raggiungere una miglior padronanza delle attività della mente. In questo modo sei in grado di concentrarsi su un solo concetto, pensiero o uno scopo reale in modo da riuscire a isolare tutti i pensieri disturbanti e raggiungere la quiete, la tanto ricercata pace interiore.

La parola "meditazione" deriva dal latino e precisamente dal verbo "mederi" che significa meditare, pensare e misurare.

Con questa pratica si diventa consapevoli del "qui e ora" attraverso tecniche mentali di concentrazione.

La meditazione nasce molti secoli fa, i primi manoscritti induisti ritrovati risalgono al IX secolo a.C.

Con la meditazione si diventa padroni della propria mente e si orientano i pensieri nella direzione desiderata.

Ricorda, noi non siamo i nostri pensieri, questi possono essere strani, disturbati, ma non sono quello che noi vogliamo talvolta sono l'opposto del nostro modo di essere e di fare, sono l'opposto della nostra morale di vita.

Con la meditazione entro in contatto con le parti più intime di te stesso. La vita frenetica di tutti i giorni non consente tutto ciò e talvolta i pensieri diventano disturbanti. Può sopraggiungere ansia, depressione, attacchi di panico. In questo la meditazione può aiutarti notevolmente.

Non devi seguire dei rituali specifici o assumere posizioni strane.

Ti basterà solo un luogo sicuro e tranquillo, in modo che puoi connetterti con te stesso.

L'unico obiettivo della meditazione come detto prima è: "Essere qui e ora".

Per vedere gli effetti e i benefici della meditazione dovrai praticarla con una certa frequenza e costanza.

In un unico momento di meditazione non puoi ritrovare l'equilibrio interiore che hai soppresso per tanti anni.

Ti faccio un semplice esempio: vuoi avere un fisico scolpito e sei in sovrappeso di 10 kg. Pensi che poche sessioni di allenamento possano portarti all'obiettivo? Lo stesso discorso è per la meditazione.

I risultati saranno stabili e duraturi ma devi praticarla con frequenza e concentrazione.

Come detto da Osho, un famoso maestro spirituale Indiano (1931-1990), la meditazione è una morte:

"Meditare è una morte, una morte di tutto quello che sei adesso". Ovviamente ci sarà una resurrezione ma sarai un essere così nuovo, originale, fresco, qualcosa di cui non sei ancora consapevole, nascosto dentro di te.

Succede quando componi poesie, musica, ogni volta che danzi, quando esci anche per un solo momento fuori dalla tua personalità ed entri nella tua individualità. Poiché accade solo per qualche istante, non ne hai paura, e torni sempre verso quello che già conosci.

Meditando, una volta che sei entrato dentro, persino quando resusciti, sei totale, una persona diversa. Non riesci a trovare la vecchia personalità, ma devi iniziare una nuova vita dall'abc, imparare tutto con occhi freschi e un cuore tutto nuovo. Per questo la meditazione crea "paura."

Osho, Rinzai: *Master of the Irrational*, Talk #1

Da queste parole comprendi perfettamente cosa puoi ottenere da questo grande lavoro interiore, semplice ma allo stesso tempo molto profondo, che cambia radicalmente il tuo modo di essere e la tua vita.

La meditazione è tutto questo, una nuova dimensione che puoi raggiungere se non hai paura e hai veramente voglia di cambiare il tuo stato emotivo attuale e la tua personalità.

Immagino che non vedi l'ora di cominciare a meditare. Scopriamo nei prossimi capitoli prima come si medita, i benefici provati scientificamente e i vari tipo di meditazione esistenti.

Buona Meditazione!

Come si medita

Questa è una delle domande più frequenti che si chiedono tutti.

Si pensa che per meditare bisogni assumere posizioni strane o fare dei rituali speciali. Non è affetto vero.

Meditare non richiede nessuno sforzo, nessun rituale e nessuna posizione strana soprattutto nelle prime fasi.

Puoi meditare nella posizione più comoda per te anche in quella in cui stai leggendo questo libro.

Ovviamente più mediti, più posture riesci a mantenere, e migliori saranno i benefici che avrai.

Prima Meditazione

Prima di tutto trova una stanza priva di persone, senza rumori, dove puoi rilassarti e abbandonarti completamente a te stesso.

Mettiti seduto sul pavimento o su un tappeto con schiena dritta e se non riesci, appoggia la schiena al muro.

Se hai difficoltà ad assumere questa postura siedi su una sedia senza poggiare la spina dorsale allo schienale mantenendo la colonna vertebrale dritta.

Mantenere la schiena dritta ti consente di respirare bene e quindi entrate in contatto profondo con te stesso, presupposto fondamentale della meditazione individuale.

Gli occhi sono chiusi, le mani appoggiate sulle gambe con i palmi rivolti verso l'altro e i piedi nel caso in cui tu sia seduto sulla sedia poggiano comodamente a terra mentre sono distesi in caso tu sia seduto a terra. Procedi in questo modo per l'esecuzione della postura e dell'esercizio:

Rilassa le spalle, inizia a fare delle piccole respirazioni, quindi, inspira e trattieni il respiro per qualche secondo e poi espira lentamente.

Dopodiché afferra il piede destro e portalo verso la coscia sinistra con la mano sinistra. Fai lo stesso con l'altra mano e l'altra coscia. Se avverti dolore fermati e riporta le gambe in posizione distesa. Devi esercitarti prima di poter eseguire al meglio questa postura. Magari esigui qualche minuto di stretching prima di una sessione.

 Una volta raggiunta la posizione del loto resta con i palmi aperti in direzione del soffitto. Continua e inspirare ed espirare lentamente. Stai eseguendo la tua prima meditazione.

Mantieni gli occhi chiusi fin quando ti senti bene e non provi dolore. Quando per te va bene, riapri gli occhi lentamente e goditi il beneficio di questa prima meditazione.

Devi porre l'attenzione nel tuo interno e non all'esterno. Entra in contatto con la tua parte profonda, intima, emotiva.

Se arrivano strani pensieri, intrusivi, ossessivi, lasciali andare come le auto che scorrono su un'autostrada.

Continua a respirare e inizia a visualizzare il tuo corpo dall'interno, i vostri muscoli, gli organi e donate una luce fortissima alla zona che sentite più rigida o bloccata, agli organi e/o ai muscoli che sentite ne abbiano bisogno. Immagina che una luce illumina il tuo corpo, che entra dalla testa e attraversa tutto il corpo ed è forte nei punti di blocco/tensione.

Continua a respirare e termina quando ti senti bene.

Raccomandazioni: non pensare di poter fare da subito la posizione del Loto, non sei abituato/a e sicuramente troverai difficoltà poiché non sei abituato a stare seduto a terra con le anche aperte.

Se hai difficoltà procurati un cuscino per meditazione che ti aiuterà in questa prima posizione. Devi prima acquisire elasticità e resistenza tale da restare in questa posizione per più tempo rispetto ai pochi minuti dell'inizio.

Se avverti dolore, significa che sta sbagliando la postura e non sei pronto a eseguire la posizione del loto non disperare. Procedi per step.

N.B. se hai difficoltà a mantenere la posizione seduta per terra ripeto che puoi praticarla da seduto o disteso.

Inizia a ripetere questa posizione una volta al giorno per almeno dieci minuti. Noterai da subito piccoli cambiamenti.

Nei prossimi capitoli t'illustrerò tante altre meditazioni semplici ma molto efficaci.

In quali casi è indicata la meditazione? Quali benefici puoi aspettarti? Scopriamolo subito nel prossimo capitolo.

Benefici della Meditazione

Già ti ho descritto alcuni benefici della Meditazione come regolazione delle emozioni, dell'ansia, dello stress.

La meditazione da sola non risolve problematiche serie di tipo comportamentale ma può dare sollievo circa i sintomi ansiosi, sulla tristezza, sui pensieri intrusivi e ossessivi.

Nel caso tu soffra di un disturbo psicologo più o meno grave/invalidante, ti consiglio di chiedere aiuto a un professionista della salute. Puoi sempre praticare la meditazione ma non trascurare la figura di uno psicologo/psicoterapeuta.

Ci tengo molto a distinguere le due cose poiché ritengo che una patologia psichica più o meno grave non possa essere affrontata solo con la meditazione nonostante quest'ultima apporti benefici evidenti sin dalle prime applicazioni.

Fatta questa doverosa premessa, torniamo ai benefici della meditazione.

Otterrai una miglior comprensione delle tue emozioni, inizierai a riconoscerle velocemente e a essere più consapevole di quello che succede al tuo corpo quando le provi.

Riuscirai a gestire meglio i tuoi stati ansiosi e di stress. Con il passare dei giorni di meditazione la tua ansia si ridurrà di giorno in giorno. Riuscirai ad affrontare meglio le tue giornate con un pensiero positivo di te stesso e della bellezza della vita.

Una volta acquisita la tecnica di meditazione riuscirai a governare meglio i momenti delicati e le sfide della vita, i momenti bui e i momenti belli.

Un corpo bloccato non riesce a sentire le cose brutte ma neanche le cose belle.

Quanto blocchi l'energia del tuo corpo e soffochi le emozioni, bloccando la respirazione, non vuoi sentire le emozioni negative. Quando tutto va bene, riesci nell'intento ma non provi neanche emozioni piacevoli.

Il consiglio che ti do è di avvicinarti lentamente a questa pratica e scoprire le mille sfaccettature che possiedi dentro di te, che stai soffocando.

Grazie alla meditazione puoi alleviare i tuoi dolori alla schiena e al collo che molto spesso sono dolori di origine psico-somatica. Focalizzando la tua attenzione su questi punti del corpo puoi rilassare la muscolatura perennemente contratta e ottenere un giovamento.

Anche la scienza non ha più alcun dubbio sui benefici della Meditazione: corpo e mente sono interconnessi e quando uno dei due non funziona, influisce sull'altro.

La frase famosa di Giovenale dice tutto " mens sana in corpore sano" (mente sana in corpo sano) e non ha bisogno di altri approfondimenti.

Tra gli altri benefici troviamo: maggior energia vitale, miglioramento della pressione sanguigna e della frequenza cardiaca, miglior memoria e concentrazione, miglior performance sportive, miglior performance lavorative, riduzione del dolore fisico (dolori muscolo-scheletrici).

Questi sono tutti benefici ampiamente dimostrati dalla scienza. Ci sono più di duemila studi scientifici che ne confermano l'efficacia.

E' risultata essere molto utile ed efficace in caso di depressione post-partum, regolazione del sonno, nella riduzione dall'alcolismo e della tossicodipendenza.

In ambito lavorativo è risultata essere efficace per migliorare le performance, nel lavoro sotto stress, nell'attenzione e nella concentrazione, nelle decisioni importanti imprenditoriali, nell'elaborazione delle decisioni.

Da un punto di vista del dolore è risultata essere meglio della morfina.

Altri studi confermano che la meditazione consente una migliore gestione dello stress e degli eventi di vita particolarmente stressanti dal punto di vista sia fisico sia emotivo, migliora inoltre la creatività.

Da un punto di vista fisico consente una riduzione delle malattie cardio-respiratorie, meno ictus nei casi praticanti la tecnica, riduce l'infiammazione generale del corpo e aiuta nella prevenzione di asma, malattie infiammatorie e artrite reumatoide.

Ci sono tantissimi studi che ne confermano l'efficacia sia come cura sia come tecnica di prevenzione di numerosi disturbi da un punto di vista fisico e/o psicologico.

Provare per credere. Diventerai il vero te, quello che stai cercando da una vita.

Da un punto di vista sociale grazie alla meditazione puoi migliorare il rapporto con gli altri, con colleghi, con il tuo partner o con i tuoi amici.

Esistono numerose meditazioni nelle quali ci si concentra nello sviluppo dell'amore verso tutti gli esseri viventi. In questo modo si sviluppa una capacità aumentata di empatia.

Aiuta inoltre a ridurre il senso di solitudine e può essere praticata anche dai bambini consentendo una miglior crescita personale e una maggior padronanza dei propri mezzi e dell'autostima creando da subito un'iniezione di positività al bambino stesso.

Ci stai ancora pensando se vale la pena o meno di meditare?

Fossi in te, mi fermerei un attimo a meditare.

Qual è il miglior momento per meditare?

Non esiste un momento buono e uno cattivo.

E' sempre l'ora giusta per meditare.

Ci sono alcune meditazioni che vanno fatte al risveglio e altre indicate prima di andare a dormire.

Puoi meditare nella pausa pranzo del lavoro o mentre sei nel traffico.

Puoi meditare mentre cammini o mentre sei in aereo. Puoi praticare sempre la meditazione.

Come ti accennavo poco fa dipende molto dal tuo obiettivo e quali benefici vuoi raggiungere.

Il consiglio essenziale che ti do è quello di praticare sempre almeno una volta al giorno tutti giorni. Solo così vedrai il nuovo te.

I migliori momenti per meditare sono la mattina presto e prima di cenare.

In questi momenti puoi ottenere il meglio dalla meditazione poiché la meditazione crea uno schermo alle tantissime attività della giornata e riuscirai quindi a filtrare gli eventi e le persone negative e controproducenti.

Consiglio di praticare in questi momenti particolari: all'alba, a mezzogiorno, al tramonto e la notte.

All'alba e al tramonto vi è un'energia particolare mentre al mezzogiorno vi è il massimo dell'energia e a mezzanotte vi è il massimo della calma.

Questi sono i quattro momenti che ti consiglio per meditare.

Quali sono i tipi di meditazione?

Esistono tantissimi tipi diversi di Meditazione, elencarli tutti richiederebbe un libro intero dedicato solo a questo capitolo.

Elenco le nove principali tecniche di meditazione più utili e utilizzate a livello internazionale.

Ti descriverò per ogni tipo di meditazione le sue caratteristiche principali, cosa differenzia dagli altri tipi, i benefici e come iniziare a praticare ogni singola tipologia di meditazione tramite semplici sessioni.

Meditazione Mindfulness

La meditazione mindfulness è un particolare tipo di tecnica che ha come obiettivo la consapevolezza, di presa di coscienza, di capire chi siamo e cosa facciamo. Ci si concentra sul presente accettando gioie e dolori, la realtà.

Grazie a questa meditazione riuscite a ridurre il vostro stato di stress, siete più attenti ai bisogni di voi stessi e di chi vi circonda.

Questa meditazione è una di quelle che preferisco poiché basta utilizzare la consapevolezza e quindi si può praticare in ogni luogo: nel traffico, in metropolitana o mentre bevete un thè.

Inizia semplicemente a sederti su in cuscino o su una sedia con schiena dritta per due sessioni al giorno da cinque minuti ciascuna.

Focalizza prima l'attenzione sulla tua respirazione.

Pian piano che acquisisci consapevolezza della respirazione puoi aumentare le sessioni a dieci minuti aumentando di cinque minuti ogni scatto e focalizzando la tua attenzione dalla respirazione ai pensieri passando per i sentimenti e per le azioni.

Meditazione zen

La Meditazione zen è una delle più antiche inventate nel 6 secolo d.C. da un monaco indiano. Questa meditazione a differenza della Mindfulness si deve praticare esclusivamente da seduti a gambe incrociate e s'ispira al focalizzarsi sul "qui e ora".

Avrai già letto in questo libro il qui e ora ed è proprio riferito a questo particolare tipo di meditazione cui faccio riferimento.

Come per gli altri tipi di meditazioni i benefici sono su più fronti: dallo stress, all'ansia passando per vedere i problemi da altre prospettive e quindi gestirli in modo diverso. Come per le altre meditazioni praticare quotidianamente.

La sostanziale differenza con la meditazione Mindfulness è che mentre una si focalizza sulla consapevolezza l'altra si focalizza sul "qui e ora", quindi nel vivere il momento presente. Mentre lo zen va eseguito seduti e a gambe incrociate la Mindfulness può essere eseguita in ogni luogo.

Potresti utilizzarle entrambe nei diversi momenti della giornata.

Siedi a gambe incrociate, inizia a respirare e mantieni la posizione per circa 20-30 minuti. In questa posizione base con schiena eretta, focalizza la tua attenzione sulle tensioni muscolari del corpo cercando di allentarle e mantenere attiva la respirazione. Nelle prime sessioni mantieni la posizione per 10 minuti e incrementa di 5 minuti per sessione.

Resta in contatto fin quando senti che per te va bene.

Meditazione Dinamica

La meditazione dinamica è una meditazione diversa da quelle classiche, pensata per la società attuale che è in continuo movimento. Può essere praticata in ogni luogo: al mare, in casa o in qualunque altro posto che ti fa sentire bene.

La sessione completa dura circa 60 minuti e prevede:

- 10 minuti di respirazione profonda e veloce;

- 10 minuti cantando, urlando e gridando;

- 10 minuti di salti con le braccia alzate urlando il mantra HU;

- 15 minuti d'immobilità per ascoltare le energie interiori;

- 15 minuti di danza libera.

Puoi accentuare il canto, il ballo e urlando qualunque cosa passi per la mente in modo da liberare le energie e ritrovare uno stato di tranquillità e pace.

E' una meditazione creata per la società occidentale che è in continuo movimento, troppo concentrato sul fare e poco sull'essere.

I benefici che otterrai sono molteplici: potrai esprimere serenamente le tue emozioni e godere della bellezza di questa parte di te.

Come per tutte le altre meditazioni all'inizio non esagerare. Se non riesci a eseguire la sessione completa da 60 minuti, inizia con 20-30 minuti. Procedi lentamente.

Meditazione Camminata

La meditazione camminata è una meditazione che comprende come per quella dinamica il movimento. Mentre vi muovete, dovete isolare la mente e noterete grandissimi benefici da questa pratica. Ovviamente come per le altre meditazioni c'è bisogno di frequenza e costanza per notare benefici.

Provate a camminare per 20 minuti con scarpe o a piedi nudi.

Parti con i piedi paralleli e inizia ad alzare un piede alla volta in modo sicuro e lento.

Iniziando a muovere il primo passo ripeti mentalmente la parola avanzare al contatto del piede al suolo ascolta il contatto e ripeti la parola toccare.

Quando riparti con l'altro piede, ripeti la parola spingere e alzando l'altro piede percepisci l'equilibrio e ripeti la parola stare.

All'inizio ti sembrerà difficile e complicato ma ti assicuro che una volta trovato il ritmo risulterà molto semplice.

La Meditazione nasce alle Hawaii e significa rimettere le cose al proprio posto.

Questa meditazione è basata su una filosofia di vita incentrata su perdono e accettazione. Non è la classica meditazione cui siamo abituati. Per iniziare a praticarla puoi ripetere il mantra: mi dispiace, perdonami, grazie, ti amo.

In questo modo grazie a questo mantra puoi assimilare concetti di accettazione, perdono, amore e gratitudine.

Credi in questa pratica fino in fondo per ottenere i benefici da questa filosofia di vita. Grazie a questa pratica puoi entrare in contatto con il tuo "io" e imparare a non giudicarti, a perdonarti e a celebrare le tue vittorie.

Otterrai benefici nell'accettazione delle emozioni negative, gestione della rabbia, aumento autostima e fiducia interiore, ottimismo, produttività.

Meditazione Yoga

Questa meditazione è una pratica millenaria che contrariamente a quanto si pensa, non consiste in esercizi che migliorano solo l'elasticità dei muscoli e della postura, ma consiste in un complesso lavoro corporeo che mira a ristabilire o mantenere funzionanti i microsistemi (Chakra). Tramite tale disciplina si migliora quindi il funzionamento dei chakra e lo stato di benessere generale dell'individuo.

Prima di procedere alla meditazione vera e proprio e alla stimolazione dei microsistemi bisogna riattivare Kundalini, un'energia situata a livello dell'osso sacro.

I chakra sono invece localizzati a livello della colonna vertebrale.

La meditazione Yoga rappresenta il settimo stadio di un percorso cui il soggetto deve compiere.

Questa pratica si propone di elevare il soggetto e farlo distaccare dalla vita materiale per raggiungere la purificazione interiore.

Meditazione della Mattina: accendi una candela di fronte ad un paesaggio tipico come quello dell'Himalaya, ascolta musica tradizionale indiana o classica che favorisce il rilassamento.

Trova una posizione comoda e che favorisca la respirazione e il rilassamento.

Inizia a respirare ripetendo il mantra " inspiro – espiro " seguendo il ritmo lento e profondo della respirazione. Raggiungi la pace interiore. Continua per 15 minuti.

Meditazione della sera: effettua un pediluvio per la pulizia dei chakra e per stimolare il kundalini. Effettua una meditazione simile a quella del mattino per circa 15 minuti.

Esistono svariate tecniche di meditazione Yoga e la scelta è del tutto personale e soggettiva.

Importante è trovare una posizione comoda che possa mantenere per 15 minuti il corpo in una posizione stabile e senza generare tensioni eccessive per poter entrare in contatto con te stesso e ritrovare la parte migliore di te.

Meditazione Trascendentale

Questi tipo di meditazione è una delle tecniche più rinomate e conosciute per lo sviluppo delle potenzialità umane.

Portata in Europa attorno al 1950 è praticata da milioni di persone in tutto il mondo.

Risulta essere molto indicata per i principianti poiché non richiede grossi sforzi e grandi conoscenze.

Obiettivo di questo tipo di meditazione è quello di ridurre lo stato di confusione mentale presente nella società attuale.

L'inventore, il Maestro Indiano Maharishi, dichiarò che lo scopo della sua tecnica era quello di combattere i campi elettromagnetici dei suoi pensieri e quindi ritrovare un'armonia mentale con se stessi e con l'esterno.

Anche in questa meditazione la posizione da assumere per circa 20 minuti è con la schiena dritta.

A differenziare questa meditazione dalle altre è il mantra che deve essere ripetuto.

Parti da una posizione seduta sulla sedia con piedi piantati al pavimento e braccia e gambe rilassate. Inizia a fare qualche respirazione per rilassare il corpo, apri e chiudi gli occhi, un paio di volte dopodiché chiudili e non aprirli più per i prossimi 20 minuti. Rilassa la mente e ascolta il respiro.

A differenza delle altre meditazioni fin qui descritte sei tu a dover scegliere il mantra che ti fa sentire bene.

Pensa a un mantra e inizia a ripeterlo per concentrarti e rilassarti e non lasciare che i tuoi pensieri interrompano questo momento.

Mantieni sempre l'attenzione sul mantra e quando ti accorgi che i pensieri stanno prendendo il sopravvento ritorna velocemente con l'attenzione sul mantra.

Quando avrai raggiunto un buon livello di rilassamento, sei entrato bene in contatto e sei concentrato sul mantra, focalizza la tua attenzione sul tuo terzo occhio, situato tra le sopracciglia.

Continua fino alla fine dei 20 minuti dopodiché inizia a muovere lentamente le mani e i piedi e riapri gli occhi.

 Hai concluso la tua prima sessione di meditazione trascendentale.

All'inizio potrà sembrarti difficile praticare il mantra(scelto da te) e concentrarti ma dopo un po' di pratica, noterai i numerosi benefici a livello mentale e corporeo.

Meditazione Kundalini

La Meditazione Kundalini è una particolare meditazione ideata dal famoso indiano Osho.

E' una tecnica che ha come obiettivo il risveglio del Kundalini, un'energia presente nel corpo di ognuno di noi.

Questa energia è localizzata a livello dell'osso sacro e se liberata può portare alla piena realizzazione dello spirito.

Questa meditazione non è molto conosciuta, come quella zen o trascendentale. Ha un effetto sulla stimolazione dei chakra.

Per risvegliare tal energia si pratica la meditazione Yoga e per ogni chakra vi sarà una sessione meditativa diversa.

Possono variare da meditazioni fisiche o meno.

Prima di iniziare a stimolare il Kundalini è bene eseguire una corretta stimolazione dei Chakra.

 Consiglio ai meno esperti di dedicare prima alcune sessione di apertura dei chakra e poi procedere alla stimolazione del Kundalini.

Mettiti comodo nella posizione che preferisci, in una stanza isolata senza distrazioni e inizia a respirare.

Rilassa corpo e mente, osserva e focalizza la tua attenzione sulle zone più tese per rilassarle.

Dopo aver fatto questo per alcuni minuti, concentra la tua attenzione sui chakra: immagina l'energia, una luce, che entra dalla testa e scende verso il corpo. Dopodiché torna a concentrati su tutto il corpo e sul respiro.

Consiglio di praticare questa metodica in gruppo o seguiti da un maestro poiché risvegliare l'energia Kundalini è una pratica abbastanza difficile che non da spazio a improvvisazioni.

Meditazione Vipassana

Questa è una tecnica di meditazione Buddista molto antica che trova la sua nascita nel sesto secolo a.C.

Obiettivo di questa meditazione è la scoperta di noi stessi e la comprensione che **la felicità dipende esclusivamente da se stessi**, non dagli altri o dall'esterno.

Il termine Vipassana significa guardare oltre, guardare dentro.

Per praticare questa meditazione il primo step importantissimo è sviluppare la concentrazione e ciò si ottiene attraverso l'attenzione e la consapevolezza della respirazione.

Pertanto concentra la tua attenzione sulla respirazione. Ascolta il movimento mentre l'aria entra nelle narici.

Vedrai che inizierai a percepire emozioni, sensazioni e movimenti del corpo. Questi ultimi non devono essere compresi ma essere solo "rumore di sottofondo" mentre la tua attenzione rimane sulla respirazione.

Pertanto questa meditazione distingue l'oggetto primario (respirazione) da un oggetto secondario "disturbante" (pensieri, movimenti del corpo) assegnando semplicemente un il nome di "rumore di sottofondo".

Se un rumore di sottofondo distoglie la tua attenzione, etichettalo con un semplice nome quale rumore, dolore e non andare a specificare se il rumore è di auto o il dolore è del collo e riporta subito la tua attenzione all'"oggetto primario".

In questo modo potrai dare totalmente attenzione alla respirazione senza dover sopprimere i pensieri, suoni o qualunque altro "rumore di sottofondo".

Buona Meditazione!

23 consigli per imparare a meditare correttamente

1   Medita costantemente

Solo con un esercizio costante e frequente (tutti i giorni) puoi ottenere benefici e conoscere te stesso fino in fondo.

2   Scegli un posto tranquillo, dove nessuno può disturbarti

Questo è un momento per te e non dare a nessuno la possibilità di rovinare questo spazio che hai/stai creando.

3   Stiracchia i tuoi muscoli prima di una sessione.

Se non hai una muscolatura elastica, le posizioni delle sessioni di meditazione potranno risultare scomode e dolorose. Fai stretching almeno 10 minuti prima di una sessione.

4   Non perderti di coraggio soprattutto all'inizio.

E' normalissimo non avere risultati dopo una o due sedute. I risultati arrivano sempre con il sacrificio ed è così anche con la meditazione. Rileggi il consiglio 1 se non ti è chiaro.

5   Attenzione alla respirazione

Come ti ho già detto la respirazione è la base della meditazione e talvolta in alcune tecniche risulta essere chiamata "oggetto primario". Nelle tue sedute di meditazione dai attenzione massima a quest'aspetto e vedrai subito dei risultati.

6   All'inizio mantieni posizioni semplici che non ti creano dolore

Sicuramente risulterà difficile mantenere la posizione del loto per 20 minuti all'inizio. Non riuscirai a mantenere la schiena dritta. E' normale, devi abituare la tua muscolatura. Non disperare. In un tempo minore di quello che immagini sarai in grado di acquisire le posizioni che desideri. E' solo questione di tempo e allenamento. Nelle prime sessioni di meditazione mantieni la posizione seduta sulla sedia o distesa a terra.

7   Ascolta il tuo corpo e la tua muscolatura

Mentre mediti, respira, e soprattutto rilassa tutta la muscolatura partendo dai muscoli facciali e del collo, passando per i muscoli della colonna vertebrale, degli arti inferiori e superiori. Vedrai che in un'unica sessione riuscirai a notare un allentamento delle tensioni muscolari corporee con un giovamento anche sull'ansia e l'umore.

8   Scegli il momento migliore per te per meditare

Se preferisci meditare dopo il lavoro fallo. Se invece preferisci iniziare bene la giornata con un'attività per te allora esegui le sessioni al risveglio.
Metti la sveglia 15 minuti prima dell'orario in cui ti alzi di solito e pratica la meditazione.

**9   Meditata in uno di questi 4 momenti: mattina,
mezzogiorno, tramonto, la notte.**

Sono gli orari migliori, ognuno per un motivo.

10 Chiusi/socchiudi gli occhi

Entra in contatto completamente con il tuo corpo e
rilassa la mente.

11 Trova il tuo Mantra

Usa un mantra che più ti appartiene e ti fa sentire
bene. Spesso i mantra sono creati su misura da un
maestro. Se puoi non improvvisare e rivolgiti a
professionisti.

12 Sperimenta le varie tecniche di meditazione scegliendo quella che ti fa sentire più a tuo agio

Nel capitolo precedente ti ho descritto solo alcune delle principali tecniche di meditazione. Ne esistono tantissime. T'invito a studiarle approfonditamente e scegliere quella che più si avvicina ai tuoi obiettivi personali.

13 Non devi per forza meditare per 30 minuti.

Puoi fare anche brevi sessioni da 10 minuti due volte il giorno.
Soprattutto all'inizio ti risulterà difficile concentrarti per così tanto tempo poiché la mente inizierà e presentarti moltissimi pensieri che non sempre sarai in grado di mettere in secondo piano. In più, come già detto, la tua muscolatura non è pronta ad affrontare le posture di meditazione per così tanto tempo. Non correre. Sii paziente.

14 Ricorda di mantenere la colonna vertebrale dritta.

In questo modo previeni dolori ma soprattutto aiuti la stimolazione dell'energia e dei chakra

15 Disattiva tutte le fonti tecnologiche di distrazione

Ricorda che questo è un momento per te e qualsiasi fonte di distrazione non ti aiuta in questo.

16 Utilizza essenze nel luogo di meditazione

Sarai più motivato a meditare in un posto con profumi particolari.

17 Abbellisci il posto in cui mediti

Il solo pensiero di meditare in un posto che hai preparato per questo scopo ti farà correre a meditare e sentire meglio. Amiamo i posti belli e curati per noi.

18 I risultati arriveranno se avrai pazienza

Arriveranno prima di quanto immagini. E' solo
questione di volontà.

19 Leggi libri di meditazione

Imparerai tantissime cose nuove. Questo è solo un
assaggio.

**20 Iscriviti a corsi di meditazione o segui un maestro
esperto**

21 Se hai poco tempo, prova la meditazione camminata.

Se vuoi, trovi il modo per farlo, è questione di volontà
come sempre.

22 Cronometra la tua sessione

All'inizio utilizza un cronometro per impostare la
durata della meditazione: meglio praticare per step
incrementando ogni sessione di 5 minuti. Inizia con 10
minuti per arrivare a 30.

23 Domande della mente

Meditando ti accorgi che la mente inizierà a fare mille
domande: quanto tempo è passato? Che cosa devo
sentire? Dopo devo fare questo o quello.....è proprio
questo che devi ascoltare....questo caos che c'è nella
mente ma senza giudicare.

Conclusioni

Per riuscire a meditare bene c'è bisogno che la mente riduca quanto più possibile il suo rumore, solo così la meditazione è utile e permette un cambiamento dell'anima e della personalità.

Voglio lasciarti con una frase di Osho:

"Osserva un bambino che raccoglie conchiglie sulla spiaggia: è più felice dell'uomo più ricco del mondo. Qual è il suo segreto? Quel segreto è anche il mio. Il bambino vive nel momento presente, si gode il sole, l'aria salmastra della spiaggia, la meravigliosa distesa di sabbia. È qui e ora. Non pensa al passato, non pensa al futuro. E qualsiasi cosa fa, la fa con totalità, intensamente; ne è così assorbito da scordare ogni altra cosa. Il segreto della felicità è tutto qui: qualsiasi cosa fai non permettere al passato di distrarre la mente e non permettere al futuro di disturbarti".

Spero che questa guida sia di tuo gradimento e ti aiuti a connetterti con te stesso/a e a ritrovare pace e tranquillità.

Se il libro è stato di tuo gradimento, ci tengo che tu lasci una recensione su Amazon.

Grazie dal profondo del cuore

Serena Renzetti